काव्याँजली

डॉ सतीश कुमार नंदा

Copyright © Dr Satish Kumar Nanda
All Rights Reserved.

This book has been self-published with all reasonable efforts taken to make the material error-free by the author. No part of this book shall be used, reproduced in any manner whatsoever without written permission from the author, except in the case of brief quotations embodied in critical articles and reviews.

The Author of this book is solely responsible and liable for its content including but not limited to the views, representations, descriptions, statements, information, opinions and references ["Content"]. The Content of this book shall not constitute or be construed or deemed to reflect the opinion or expression of the Publisher or Editor. Neither the Publisher nor Editor endorse or approve the Content of this book or guarantee the reliability, accuracy or completeness of the Content published herein and do not make any representations or warranties of any kind, express or implied, including but not limited to the implied warranties of merchantability, fitness for a particular purpose. The Publisher and Editor shall not be liable whatsoever for any errors, omissions, whether such errors or omissions result from negligence, accident, or any other cause or claims for loss or damages of any kind, including without limitation, indirect or consequential loss or damage arising out of use, inability to use, or about the reliability, accuracy or sufficiency of the information contained in this book.

Made with ♥ on the Notion Press Platform
www.notionpress.com

पंडित जवाहर लाल नेहरू

प्रतिभा उस व्यक्तित्व की, जिस पर सबको नाज़

जिसने भारत-वर्ष को, दिया था एकता राज

ऐसा था एकता राज , कि न कोई बागी छोड़ा

इतने पर भी नहीं दिल , कभी किसी का तोड़ा

कितना अद्भुत व सौम्य था ये "धरती का लाल"

सदियों तक वह अमर रहेगा - वीर जवाहर लाल।

क्रम-सूची

भूमिका	vii
आभार	ix
1. भावांजली	1
2. अभिव्यक्ति	2
3. असमर्थता	3
4. वास्तविकता	6
5. जीवन मंथन	8
6. भारत की छवि	11
7. दायरे	13
8. परिचय	16
9. अभिलाषा	19
10. विचारोक्तियाँ	21
11. दो छंद	23
12. विद्रोह	25
13. सूरज (दो क्षणिकाएं)	28
14. व्यथित	30
15. सरित प्रवाह	32
16. न जाने क्यों	34
17. आशा	36
18. आम आदमी का दिव्य स्वप्न	38
डा.सतीश कुमार नन्दा	41
जॉय्स रॉड्रिग्स	43

• v •

भूमिका

काव्याँजली एक स्वरचित पुस्तक है, जिसमें जीवन के अनेक भावों तथा परिस्थियों का समायोजन है। इसके अतिरिक्त यह भी सुनिशचित किया गया है कि यह पुस्तक सभी आयु वर्ग के लिये किसी न किसी रूप में उपयोगी सिद्ध हो।

आरम्भ की कुछ कवितायें सौम्य भाव से प्रेरित हैं परन्तु आगामी कवितायों में जीवन के तीन महत्पूर्ण भावों– असमंजसता, असमर्थता एवं वास्तविकता का समावेष है। यह जीवन मन्थन के रूप का प्रतीक है। इसके अतिरिक्त कुछ कविताएं देश भक्ति एवं स्वाभिमान आदि भावों को प्रेरित करती हैं। कुछ कविताऐं व्यंगात्मक शैली का उदाहरण हैं तो कुछ कविताओं में आधुनिक परस्थितियों का सटीक वर्णन समावेशित है।

प्रस्तुत लेखन में यह प्रयास भी किया गया है कि राजभाषा का समयोचित प्रचार- प्रसार तथा भारतीयता समावेशित हो और यह आशा भी की जाती है कि यह पुस्तक भरतीयता को प्रचुर रूप से प्रोतसाहित करते हुए पाठक के हृदय को वशीभूत करेगी तथा अपने ध्येय की सफलता प्राप्त करेगी।

आभार

सर्वप्रथम् मैं परम पिता परमेश्वर का असीम रूप से आभारी हूं, जिन की कृपा से यह कार्य संपन्न हुआ है।

लेखक अपने माता-पिता के प्रति आभार प्रकट करता है जिनके आशीर्वाद स्वरूप यह लेखन संभव हुआ। तत्पश्चात् वह अपनी अर्धांगनी के प्रति आभारी है जिसने हर कठिन परिस्थिति में मेरा साथ निभाया है।

मेरी कविताओं को सचित्र अर्थ देने के लिए मैं जॉय्स रॉड्रिग्स को धन्यवाद देना चाहता हूं।

अन्त में मैं, अपने सभी शुभचिन्तकों एवं पाठकों का हृदय से आभारी हूँ।

1. भावांजली

हिन्दी भाषा का है, सहज सरल यह रूप,
इसमें नहीं है किंचित, कहीं छांव कहीं धूप,
शब्दों की रचना सर्वदा सीधी राह दिखाती,
एक सूत्री भारत का हमेशा आभास दिलाती,
सरलता इसकी दिल में मिश्री घोल रही है,
भारत की सब जनता हिन्दी बोल रही है।

2. अभिव्यक्ति

जीवन के इस क्षण का यह पहला है प्रयास,
पहला है प्रयास, त्रुटियों की संभावना भारी।
फिर भी मातृ - भाषा की सेवा में प्रस्तुत है,
भाव - युक्त , कविता की यह फुलवारी।।

3. असमर्थता

कविता के इस रूप में है एक यथार्थ का वर्णन,
न समझना पाठक इसको ,केवल जीवन दर्पण,
क्योंकि, दर्पण कर देता है हर छवि को उलटा,
सीधे मानव को यह प्रति पल लेता है उलझा।।

नायक हैं इस कविता के, राम दीन श्री मान,

तेल खनन् क्षेत्र में,अद्भुत था जिनका काम,
भूगर्भ ज्ञान के धनी, सरल व अनुपम संसारी
संगोष्ठी में भाग ले रहे, अफसर सरकारी।।
अपने अध्ययन के द्वारा हर पल थे, वे समझाते,
ऊर्जा-संसाधनों से हैं,कितने घनिष्ठ हमारे नाते,
तेल कहां पर मिल सकता है, मानचित्र में था दर्शाया
अल्प समय में अपने,बृहद ज्ञान का प्रभाव बनाया।।

❦❦❦

संगोष्ठी के द्वितीय सत्र में छा गये राम दीन,
तेल-उत्पादन के पहलू की चर्चा करें महीन,
पंख-लगा बीता समय, दो से बजे साढ़े तीन ,
मंत्र मुग्ध थे श्रोतागण व रहे हर पल तल्लीन।।

❦❦❦

उसी शाम ने जीवन का, बदलता रूप दिखाया ,
राम दीन को तेल हेतु,-राशन की डिपो में पाया ,
अजगर सी थी कतार, व तेल की थी मारा-मारी,
जाना फिर यही है,जीवन की जटिलता हमारी।।

❦❦❦

उत्सुकता वश कथा रूपी कविता, और बड़ी है ,
नायक जिसमें केवल कतार की विशेष कड़ी है।
कतार में बीते पूरे दो घंटे, थके राम दीन बिचारे,
तेल पाने की आशा के संग वे हिम्मत नहीं हारे।।
राम-राम करके आखिर जब उनका नंबर आया ,
डिपो के मालिक ने उठ कर यह एलान सुनाया ,

डॉ सतीश कुमार नंदा

खतम हुआ अब तेल फिर आयेगा परसों भैय्या ,
हताश हुए राम दीन घर वापस लौटे ले रुपैया ।

❦❦❦

राम - दीन की इस स्थिति ने, किये सहज सवाल,
आज हमारे देश में वैज्ञानिक का है, कैसा ये हाल?
और जीवन में क्यों निहित है, ऐसी विषमता भारी,
इसी प्रश्न से आरम्भ होगी, संभवतः सोच तुम्हारी ?

4. वास्तविकता

ओ गैस के गुब्बारे ,
मत तू यह भूल,
धरती से तेरा,
नाता है मूल ;
माना,
कि तू आकाश की बुलंदी को,
छण भर में छू लेगा,

डॉ सतीश कुमार नंदा

समय नहीं है,वह भी दूर,
जब तू औंधा हो,
धरा पर गिरेगा।

❦❦❦

तुझ से तो अच्छे हैं,
साधारण हवा के
वे रंगीन गुब्बारे,
जिन से खेलते हैं
बच्चे प्यारे- प्यारे।

❦❦❦

तेरे गले की लंबी डोर,
जीवन की वह धुरी है,
कैदी है तू
जिसके कारण आजादी
तुझ से दूर खड़ी है।

❦❦❦

ओ गैस के गुब्बारे,
अब तो कर ले यह अहसास तू,
कुछ और नहीं है केवल,
इस धरती का परिहास तू,
मूर्ख, कभी भी न भूल,
धरती से तेरा नाता है मूल ।

5. जीवन मंथन

जीवन के मूल विषय को आँकें मिस्टर लाल,
निर्णय कुछ भी न ले सकें, था विचित्र हाल।
सर्वप्रथम, भौतिकी ने अपना रूप दिखाया,
गुरुत्वाकर्षण के सिद्धांत को आधार बनाया,
लाल साहेब चिन्तित हुए, मंथन करें अनेक,
महंगाई बढ़ रही, क्या इस सिद्धांत के हेत ?
प्रश्न जटिल, उत्तर की व्याकुलता थी समायी,

हार गये बदला विषय, भौतिकी रास न आयी।
था विषय रासायनिकी का उप-विषय मिश्रण,
रक्त - चाप बढ़ता गया जैसे करते रहे मंथन,
सुबह के दूध में कितना होगा मिश्रित पानी?
हल्दी, मिरचा,धनिया आदि की भी यही कहानी।
इस मिश्रण युग में कुछ भी तो शुद्ध नहीं है,
फिर भी जीवन की गति भी अविरुद्ध नहीं है?

दुःखी हुए तब गणित ने लिया कस कर घेर,
जीवन के चक्र व्यूह में था निन्यानवे का फेर।
लाभ कभी न मिला, पर सदैव मिली थी हानि
घर खर्च को देख आती याद थी अपनी नानी,
गणित व्यथा ने फिर ,इक लंबी सांस दिलाई।
विषय बदलने की इच्छा प्रबल हुई तब भाई
अँग्रेज़ी के ठाठ ने फिर दिया ऐसा प्रलोभन ,
पुनः विचलित हो गया लाल साहिब का मन।

समय देख शृंगार किया व पैंट कसी फिर भाई,
अँग्रेज़ी पिक्चर के लिये, उनकी आँखें तरसाईं।
पहुंच सिनेमा घर पॉकेट में नकदी देखी भाई,
हुए चकित हाथ में, केवल एक अठन्नी आई।
बैठ गये मन मार कर, ली- एक लंबी जम्हाई
अब की हिंदी की बारी थी, वह चुपके से आई।

रूप सरल था, चित्त सरल, थी सद्भावना स्रोत
हतप्रभ मिस्टर लाल को कर गई ओत -पोत।।
हुए कुंठा मुक्त, जब बना इक नया ताना- बाना,
जीवन के तब मूल तथ्य को गया सही पहचाना।।
पाठकों, जान कर आपको ,आश्चर्य अवश्य होगा,
जीवन न सरल था, न है और न ही कभी होगा।।

6. भारत की छवि

भारत देश था मेरा, सोने की चिड़िया का एक बसेरा ,
सधे और सुलझे हुए , ऋषियों और मुनियों का डेरा।
बहती रहती थी चहुं ओर, जहां धवल दूध की नदियां,
इसकी संस्कृति को सर्वदा, पूजती रहती थी दुनियां।।

कृष्ण नहीं, न रामचंद्र के गुण,अब कोई जाने
पश्चिमी धुन में युवक भारतीय,देखो गायें गाने,

धर्म जहां मानव- जीवन में पड़ गया है फीका
वीरों के मस्तिष्क वहां अब नहीं लगता टीका,

कैसा यह कोहराम मचा है ? कैसा यह है शोर ?
क्यों हिंसा दिखा रही, रूप भयानक चारों ओर ?
जीवन प्रति पल कुंठित रहता, कुंठा बनी प्रधान
व्यर्थ शोर यह मचा हुआ, कि मेरा देश है महान

मानवता के सच्चे मूल्यों पर है अनचाहा अंकुश
नेता है अब स्वार्थ विहीन, लगता है देश निरंकुश
अहिंसा सत्य व गाँधी-गौतम की बातें हुई पुरानी
भारत की अब बन गयी, कैसी विचित्र यह कहानी ?

भारत की वह छवि कहां है ? सोचे आज कवि,
आश्चर्य है कि पश्चिम से अब उदय होता है रवि।।
समय अब भी है , सुन लो, ऐ भारत के कर्णधारों,
हो सके , तो अपने आप को , स्वयं तुम सुधारो।।

भूल करअपने बैर भाव, भारत की छवि निखारो,
देश अपने की प्रगति हेतु , एक लव्य को पुकारो।
विचारों में रहे सामंजस्य, न रहे भीरुता का अंश,
हो कार्य में कुशलता, प्रतिपल शालीनता विचारो।।

7. दायरे

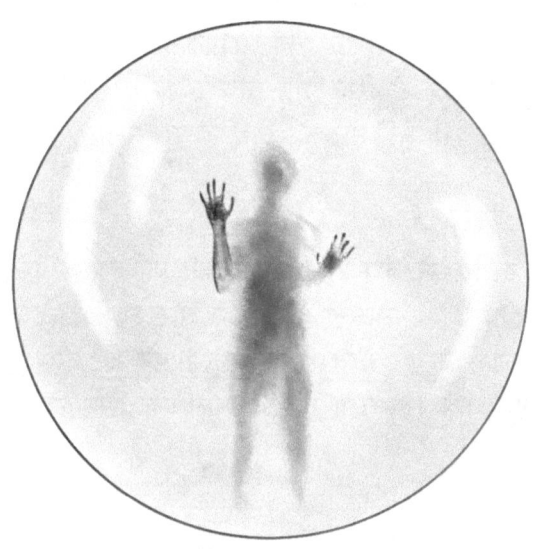

सोते हुए मानव के कुन्द मस्तिष्क को,
दायरों की चेतना को दायरे जगाते हैं।
दायरों की दुनियां में दायरों से घिरे हुए,
दायरों की महिमा खुद दायरे सुनाते हैं।।

छोटे बड़े दायरे, जीवन की हर राह में,

जीवन के चिंतन को ,और सकुचाते हैं।
समय के साथ-साथ, जीवन की आड़ में
अपने से ज्यादा वे, और भी बढ़ जाते हैं।।

❦❦❦

यहां वहां- जहां तहां, पूरे ही समाज पर,
उचित अनुचित का, प्रभाव हम पाते हैं।
दायरों से घिरे हुए, दायरों की दुनिया में
दायरों महिमा को, खुद दायरे सुनाते हैं।।

❦❦❦

दायरों से बंधे राम, सीता जी का त्याग करें,
द्रोपती की लज्जा हेतु, हरि चीर भी बढ़ाते है।
दायरों के ही बीच ईसा , सूली पर चढ़े हुए भी,
टूटी हुई मानवता को भी,मानवता सिखाते हैं।।

❦❦❦

श्वेत व अश्वेत के, अनचाहे दायरों में घिरे,
नेलसन मंडेला जब , घोर सज़ा पाते हैं।
दायरों से घिरे हुए , दायरों की दुनियां में,
दायरों की महिमा ,खुद दायरे सुनाते हैं।।

❦❦❦

आज की दुनिया में, दायरे इतने बढ़ गये कि ,
दायरों की गोलाई अब, धरती को समाते हैं।
कथनी व करनी के, अंतर इतने बढ़ गये कि
दोनों के ही दायरे स्वत: जटिल हुए जाते हैं,

❦ ❦ ❦

करते अपकार जहां, कहते उपकार वहां,
भरम से भरे हुए दायरे और भी भरमाते हैं,
दायरों से घिरे हुए ,दायरों की दुनियां में ,
दायरों की महिमा ,खुद दायरे सुनाते हैं।।

❦ ❦ ❦

दायरों की सीमा का कोई भी अंत नहीं,
आदमी हुआ है सस्ता दाम बढ़ते जाते हैं,
दाल और रोटी के, कसते हुए दायरे,
जीवन के चक्र को ,और भी चलाते हैं

❦ ❦ ❦

सत्य के दायरों में घिरे हुए मानव आज,
असत्य के दायरों से भी, हंसी उड़वाते हैं,
दायरों से घिरे हुए ,दायरों की दुनियां में,
दायरों की महिमा खुद, दायरे सुनाते हैं।।

8. परिचय

परिचय,
कहने को है केवल एक शब्द,
परंतु माध्यम है-अभिव्यक्ति का
और प्रतीक है-
जनसाधारण की असीम शक्ति का।।

परिचय,

डॉ सतीश कुमार नंदा

आदि काल से अब तक
प्रतीक रहा है-
मानव सभ्यता, संस्कृति एवं कर्म का,
एकलव्य की साधना, दधीची का दान,
कृष्ण का बचपन एवं गीता का ज्ञान,
प्रेम चंद्र का साहित्य, गुप्त जी के उद्गार,
प्रत्यक्ष परिचय हैं, हमारे उन आदर्शों के
जिसने भारत में खोला है उन्नति का द्वार।।

❁❁❁

परिचय,
रहा है सर्वदा-
एक मध्य बिंदु समान,
साधन और साध्य में,
एक सहज सोपान,
ईसा की कुर्बानी या राम की कहानी
चंद्र शेखर आजाद अथवा हमीद जैसे
कितने स्वयं परिचय स्वरूप,
संसार उज्ज्वलित कर गये,
बन कर अनोखी धूप।।

❁❁❁

परिचय,
बना है स्वाबलंबन,
मानव की विवशता में,
रहा है जन्मदाता-
दृढ़ता एवं कर्तव्य निष्ठा का,

ध्रुव की अटलता,
अर्जुन की वीरता;
पवन पुत्र का साहस और सीता की गरिमा,
गौतम बुद्ध का अलौकिक रूप, बापू की महिमा;
संघर्षमय जीवन की ,अनुपम सफलता;
मात्र जिनके चिंतन से भी दूर होती है विकलता।।

※※※

परिचय,
की सीमा का अंत
बना है ,एक प्रश्न ज्वलंत,
मौलिक इसकी महत्ता हो गई संकीर्ण
इसके द्वारा निज कार्य सिद्धि में
मानव हुआ है लीन
प्रत्यक्ष के परिचय ने ,परोक्ष को पुकारा है,
परिचय का वास्तविक अर्थ रोता बिचारा है;
समय की आवश्यकता है -
परिचय की उत्थान की,
इसके वास्तविक मूल्यों की,
इसकी सही पहचान की।।

9. अभिलाषा

मंगलमय हो सर्वप्रथम, हो खुशहाल जनसमुदाय;
पल्लवित हो तेल तरु , भारत देश समृद्धि पाय ।
भारत देश समृद्धि पाय, हर जगह गूंजे यही नारा,
तेल की हर बूंद का सदुपयोग हो कर्तव्य हमारा।
अन्वेषण के नये आयाम में हर पल रहे विश्वास,
प्रत्यावर्घित तेल उत्पादन की कभी न टूटे आस।।

सदुपयोग व संरक्षण की नीति रहे सर्वदा प्रधान,
सही रूप में तब बन जायेगा भारत देश महान।
भारत देश महान साथ ही आर्थिक विपत्ति टलेगी,
मृगतृष्णा फिर तेल की हमें, कभी भी नहीं छलेगी।
विश्व स्तर पर निश्चित आयेगा ,भारतवर्ष का नाम,
जनमानस हो चिंता मुक्त ,और पूरे हो सब काम।।

☙☙☙

उत्पादन एवं वेधन का प्रति पल, रहे संभव प्रयास,
"कर्मठता" के औचित्य का भी पूर्णतया हो अहसास।
पूर्णतया हो अहसास, अपना-अपना कर्तव्य निभायें,
"सच्चा तेल कर्मी"कहलाने का तभी अधिकार पायें।
सुनीति का चयन हो सर्वदा,और उत्पादन हो लक्षित,
संरक्षित यदि हो पर्यावरण, कार्य सर्वदा रहें सुरक्षित।।

10. विचारोक्तियाँ

नहीं कोई विकल्प गति समाना,
गति बिन मानस दुर्गति जाना।।

स्वच्छ मन की स्थिरता, जीवन की है सही पहचान,
जन-भ्रांति से दूर रह, इन मूल्यों की कर पहचान।।

संयम और संकल्प की, जाती एक ही होय,
संयम से संकल्प है, संकल्प से संयम होय।।

एक ही वाणी बोलिये, दूजी न बोले कोय,
बोले जो दूजी वाणी, सो प्राणी ही रोय ।।

स्वच्छ मन की स्थिरता, जीवन की है सही पहचान,
भ्रांति से दूर रहकर, इनके मूल्यों की कर पहचान।।

11. दो छंद

धीर

धीर वीर से सौ गुना, न छोड़े कोऊ धीर,
धीर न हो जो वीर में उसको करे अधीर।
उसको करे अधीर, सफलता कोसों भागे,
दिन को रहे व्यथित व रातों को भी जागे,

पुरुषोत्तम रामचन्द्र भी राखो, धीर आधार,
धरे हिये जब धीरता, तो सुखी रहे परिवार।।

पति-पत्नी

पति का भला न बोलना, पति की भली ही चूप,
बिन बादल पत्नी बरसे, ज्यों जेठ की होय धूप,
ज्यों जेठ की होय धूप, कि हर पल चुए पसीना,
पत्नी के सम्मुख न तानों, हरगिज़ अपना सीना,
कहता भगत पत्नी का, सुनो सब सज्जन प्यारे,
पत्नी होगी सुखी और पति के होंगे, वारे न्यारे।।

12. विद्रोह

जब इच्छा प्रबल होती है, तब होता है जन्म विद्रोह का
विद्रोह सृजनात्मक हो, हर समय तो संभव नहीं,
क्योंकि यह एक भावना है- मानसिक विषमता या
व्यक्तिगत असंतुलन का।
फिर भी, इसमें निहित है- मानवता के स्वाभाविक गुण,
और स्वाभाविक रूप से, इसकी परिधि में व्याप्त है -

इन गुणों का आधार, जिनका केंद्र बिंदु है
मानव सपनों का संसार।।

❦❦❦

इतिहास के विभिन्न पृष्ठों पर अंकित है, विद्रोह का सफल अहसास,
यद्पि मानव सभ्यता का भी, करता है विफल परिहास,
फिर भी इसमें अंकित हैं,
नियति के वे हस्ताक्षर , जिनके होने से अनपढ़ वर्ग भी हुआ है साक्षर।
हरित क्रांति, श्वेत क्रांति, और क्रांति स्वतंत्रता की,
विद्रोह के ही थे सफल रूप,
जिसके द्वारा न जाने कितने देशों ने,
अनुभव की है उसकी उज्ज्वल धूप ।।

❦❦❦

न जाने क्यों ?
देखा जाता है विद्रोह को हीन भावना से,
क्यों नकारे जाते हैं,विद्रोह के गुण
असफलता की संभावना से ?
क्या यह सत्य नहीं ?
कि मानवता के प्रत्येक अंश पर,
यह छाया हुआ है प्रति पल, और
सर्वदा रहा है सक्षम तथा प्रबल।।

❦❦❦

राजनीतिक स्वतंत्रता , व्यक्तिगत अस्तित्व,

डॉ सतीश कुमार नंदा

सामाजिक पुष्टता, या
फिर व्यवहारिक सहिष्णुता
सभी में है - इसका अंश विदित
फिर भी न जाने क्यों -
मानव होता है इससे विचलित ?
विद्रोह - यदि मानव लोलुपता से पृथक है तो
है यह, एक साधन - नवीनता का, सृजक है प्रगति का,
एवं आवश्यक है इसका अस्तित्व-
सामाजिक शांति हेतु तथा संभावित क्रांति हेतु ।।

13. सूरज (दो क्षणिकाएं)

(1)
सूरज जब डूबता है,
तो भी होता है वह सूरज ही,
यद्यपि नहीं रहती है उसमें उष्णता,
क्योंकि- वह यह दे चुका होता है,
अपनी गर्मी, धरा की सजीवता हेतु,
और दे देता है अपनी उदारता का,

डॉ सतीश कुमार नंदा

प्रत्यक्ष प्रमाण।

❦❦❦

(2)
विलीन होते सूरज में भी,
छिपी होती है, एक अटूट आस,
कि कल फिर उसके ही उजाले तथा
उसकी ही गर्मी से होगा,
धरा का जीवन संचारित,
और होगा यह तथ्य पुष्ट
कि - सूरज तो सूरज है,
उसका कभी अंत नहीं
वह तो अनंत है
और है धरा के जीवन का आधार।

14. व्यथित

पथिक का है गंतव्य निश्चित,
निश्चित है सर्वदा उसकी चाह;
परन्तु व्यथित की निश्चित नहीं है चाह,
और ना ही निश्चित है, कोई राह।

क्योंकी खड़ी है -

उसकी राह में प्रतिपल नीरसता,
और चाह में भी निहित है विवशता ;
जैसे हो -दो जुड़वां बहने, एक अनचाहे बोझ के समान,
करता है व्यतीत हर पल ,एक अनदेखे सपने के समान।

वेदना और निरीहता ,क्षीण करती हैं व्यथित की शक्ति,
अनायास छलक़ती अँखियाँ - व्यक्त करती हैं विरक्ति,
लुप्त होती सी चेतना - दिखलाती है जीवन का वह रूप,
जैसे हो मुरझाया हुआ फूल या फिर मेघाच्छादित धूप।

कुंठा ग्रसित व्यथित, जीवन भर सकुचाता है,
आघातों से पीड़ित वह, जीवन को भरमाता है,
कब, कहाँ, क्यों व कैसे आदि प्रश्नों में जकड़ा,
प्रश्नों के चक्रवात में, विलीन हुआ जाता है,
व्यर्थ-अपवादों व अनगिनत संवादों में घिरा,
अपनी चिन्ता को स्वयं में समेटते हुए,
बढ़ता जाता है,
निरंतर उस अंजान क्षितिज की ओर,
जिसकी न राह है निश्चित,
न समय है निश्चित और न ही है निश्चित कोई साधन।

15. सरित प्रवाह

हिन्दी भाषा में मिठास का, है नहीं कोई अंत,
अभिव्यक्ति की शक्ति का माध्यम है ज्वलंत।
देवनागरी भाषा को है, देवताओं का आशीर्वाद,
सर्वभाषी समकक्ष यह, इसमें न कोई अपवाद।।

"हिन्दी -भाषा" का है ऐसा- सहज सरल यह रूप,
नहीं समाई है इसमें, कहीं छांव, और कहीं धूप।
शब्दों की संरचना भी, ऐसी सीधी राह दिखाती,

'भारत एक सूत्री' का भी, यह आभास दिलाती।।

❦❦❦

"वैज्ञानिक" कार्यों में भी है, इसका सहज प्रवेश,
नहीं समाया कभी भी इसमें, अन्य भाषा से द्वेष।
पूरक है ये वाणिज्य क्षेत्र की, है ऐसी मनोविज्ञानी,
हिन्दी के मुक्त प्रयोग से, न होगी कोई परेशानी।।

❦❦❦

आदर इसमें टोपी से, नहीं लुप्त कोई उच्चारण,
व्याकरण है सीधी, प्रत्यक्ष हैं अनेक उदाहरण।
"बेटी बोली तुम काओ" समझ गयी थी माता,
वात्सल्य प्रदर्शन का कैसा सुखद, है ये नाता।।

❦❦❦

भारतेंदु हरीश चंद्र ने दिया इसको सुदृढ़ आधार,
दिनकर, बच्चन व गुप्तजी ने इसको लिया उबार।
भूषण व प्रसाद सरीखे कवियों के उन्मुक्त विचार,
सुभद्रा देवी जी के प्रताप से, इसमें है सौम्य आचार।।

❦❦❦

इस भाषा के गुणों का वर्णन कैसे करें बखान?
सार गर्भित भाषा यह, है इसमें गुणों की खान।
सुरभित स्वतः चहुं दिशा में, इसकी ऐसी शान,
विश्वस्तर पर पहुंचेगा "हिन्दी-भाषा" का ज्ञान।।

16. न जाने क्यों

जब आप मेरे सामने होती हैं, तो न जाने क्यों
मेरी ये लेखनी क्यों अकसर थम सी जाती है;
विचार तो आते हैं अनेक,पर फिर न जाने क्यों
किन घने बादलों के पीछे जाकर छिप जाते हैं,
या फिर, माला के उज्ज्वल मोतियों के समान,
जिनकी आभा,करती है सबकोआश्चर्य चकित,
धागे से अनायस ही अलग -अलग हुए जाते हैं।

या फिर- कब? कहां? कैसे? और क्यों इत्यादी,
कितने ही असंख्य प्रश्नों से अपने में समेटते हुए,
मैं बार बारअंतर मन मैं सर्वदा यही सोचता हूं,
कि मेरे मन के उलझते हुए प्रश्न रूपी तारों को,
शायद आप और केवल आप ही सुलझा पाएगी,
व बता सकेंगी,कि क्यों ये लेखनी थम जाती है ?
जब आप मेरे सामने होती हैं।

17. आशा

मानव के मस्तिष्क में गूंजता, केवल एक ही विचार,
हिन्दी के प्रयोग पर रहे, हमारा जन्मसिद्ध अधिकार,
है जन्मसिद्ध अधिकार क्यों न सरलता इसकी भाये,
उत्तर - दक्षिण की एकता इसके द्वारा निश्चित आये,
देखो रहे कभी ,न कोई कमी, हो कौमर्स या विज्ञान,
हिन्दी भाषा से विकसित हो, सब विषयों का ज्ञान।।

हिन्दी भाषा के सब ज्ञानी, जब पायें उचित सम्मान,

विश्व स्तर पर हर हिन्दुस्तानी का, होगा ऊंचा स्थान
होगा ऊंचा स्थान , चमक उठेगा भाषा का सितारा,
सच में होगा अपना देश सबसे न्यारा, सबसे प्यारा
देव नगरी भाषा का, कहीं पर भी न हो वे अपमान,
इस भाषा के माध्यम से हो, हम सब की पहचान।।

❦❦❦

चाहे कितने जटिल प्रश्नों से घिरा रहे, समस्त संसार,
हिन्दी पर प्रत्येक भारतवासी का हो सच्चा अधिकार,
हो सच्चा अधिकार, रहे निर्विघ्न ,इसका करें अभ्यास,
भाषा प्रति - पल विकसित होगी, सधी रहे यह आस,
जय हिन्दी, जय हिन्दुस्तान का, गूंजेगा जब यह नारा,
चारों दिशाओं में उज्ज्वलित होगा, हिन्दुस्तान हमारा।।

18. आम आदमी का दिव्य स्वप्न

आराम हर ,आम आदमी की आम आदत है -
ऐसे ही एक आम आदमी, आम की बगिया में,
सोच रहा था अपने देश की आम हालत पर ;
आम विचारों के बीच ही, उदित हुआ विचार
क्यों कर इस देश की, बन गयी है आम राय,

कि आम तौर पर, आम की फसल से पहले,
अकसर हो जाते हैं,हमारे देश में आम चुनाव,
इन चुनावों में, अक्सर होता है यह आम मुद्दा,
"देश की निरीह सी आम जनता का भविष्य"

और फिर, उस आम आदमी के व्याकुल मन में ,
सहज ही छा जाता है एक अमिट सा आम- भय
ये व्यक्ति जोआमआदमी का नाटक कर रहा है,
वो आम आदमी ,बिलकुल भी ही नहीं है, क्योंकि,
आम तो मीठा एवं,फलों का राजा कहलाता है,
ये व्यक्ति तो विपरीत व कुटिलों का सरताज है।
आमतौर पर यह, अन्दर और बाहर से अलग है,
ये सिर्फआम आदमी होने का नाटक कर रहा है

आश्चर्य तो लेकिन यह है- कि यही आम आदमी,
जनता की एक झूठी सी - आम राय के कारण,
देश को प्रगति पथ पर चलाने का दम भी भरेगा ,
आमतौर पर इसमें किन्चित भी यह संदेह नहीं ,
कि उचित अवसर आने पर, यही आम आदमी ,
आम जनता को,ऐक पके आम की तरह चूसेगा,
आमतौर सभी पर आम नेताओं ने यही किया है,
कोई खाता है चारा या करता है - कहीं घोटाला,
क्योंकि ऐसा आम नेता,कभी मौका नहीं चूकता,
वह आम तौर पर निकालता है , देश का दिवाला
वह मूर्खआम जनता को, निःसंदेह बनाता है मूर्ख

ऐसा आम आदमी, औरों को करता है अनदेखा,
जिसके कारण उसका जीवन होता है- वक्र रेखा

❦❦❦

फिर एक गहरी सी सांस लेकर आम आदमी ने ,
अपनी आम सोच को इस प्रकार से आगे बढ़ाया
आम के बाग में, कहीं लँगड़ा कहीं अलफ़ाज़ों,
कहीं बम्बईया या कहीं दसहरी- जिसका नाम,
पर इस आम स्वरूपी नेता का है एक ही काम
आम तो आम, गुठलियों के भी वसूलता है दाम
आवाम के आम फैसले को स्वहित में लाता है,
आम सी बात का अकसर बतंगड़ भी बनाता है,
अपनी ढफली पर अपना ही जीवन राग गाता है,
आम आदमी या आम नेता की तुलना करते ही,
आम आदमी का मस्तिष्क प्रायः चकरा जाता है ,
और फिर हार जाता है ये साधारण आम आदमी,
चल देता है उठ कर, आम की शीतल बगिया से

❦❦❦

चलते -चलते पुनः समाया जीवन की उस सोच में
जिसकी सोच में निहित है, केवल एक, कटु सत्य
निश्चित ही आम आदमी की समस्या आम नहीं है,
चाहे वह थक कर टूट जाये या न जाये फिर भी
उसे जीने की चाह लिये चलना ही होगा, हर पल
कर्मठ जीवन के इस छोर से उस छोर तक अकेले,
जिसमें हैं उलझनें अनेक व जिसकी राह है संकीर्ण
फिर भी चलना होगा अकेले अनवरत व अन्तहीन।

डा.सतीश कुमार नन्दा

डा.सतीश कुमार नन्दा का जन्म उत्तराखंड की मनोरम घाटियों के बीच बसे एक शहर- देहरादून में हुआ । इनका अध्ययन भी वहीं पर हुआ तथा रसायन विज्ञान में पी.एच.डी. डिग्री प्राप्त की । वह मूलतः तैल एवं प्राकृतिक गैस आयोग में वैज्ञानिक के रूप में कार्यरत रहे।

छत्रावस्था से ही इनको हिन्दी भाषा के प्रति विशेष आकर्षण था और वह डी.ए.वी.इन्टर कालेज की "हिन्दी - परिषद" के अध्यक्ष भी रहे। इस अवधि में राष्ट्रभाषा के अनेक कार्यक्रमों का आयोजन किया तथा 11 एवं 12 वीं कक्षा में "साहित्यिक हिंदी" का चयन किया।

वह तेल एवं प्राकृतिक गैस आयोग में एक वैज्ञानिक के रूप में कार्यरत रहे तथा इस अवधी इन्होंने राजभाषा में अनेक

वैज्ञानिक लेख भी लिखे तथा राजभाषा के अन्य कार्यक्रमों में अपना योगदान दिया।

कालांतर में दक्षिण भारत में भी हिन्दी भाषा में एक विशेष गोष्ठी का आयोजन किया जिसमें अनेक वैज्ञानिकों ने भाग लिया। प्रस्तुत पुस्तक भी लेखक की राष्ट्रभाषा के प्रति आकर्षण की देन है।

जॉय्स रॉड्रिग्स

बैंकिंग और बीमा में एमबीए स्नातक के रूप में जॉय्स ने दुबई में बसने से पहले विजया बैंक, बैंगलोर में सहायक प्रबंधक की भूमिका निभाई है। वह एक स्व-शिक्षित कलाकार हैं। जॉय्स का झुकाव हमेशा से कलात्मक रहा है। कला के प्रति उनका लगाव बचपन से ही रहा है। जॉय्स को अपनी कला के माध्यम से नए कलात्मक शैलियों की खोज करने में आनंद आता है।

जॉय्स ऐक्रेलिक, वॉटरकलर और गौचे पेंट के साथ स्टिल-लाइफ आर्ट वर्क में माहिर हैं।

आप जॉय्स की कलाकृति को इंस्टाग्राम @joyscreates पर फॉलो कर सकते हैं।

www.ingramcontent.com/pod-product-compliance
Lightning Source LLC
LaVergne TN
LVHW041555070526
838199LV00046B/1979